DIE VITALE KRANZBACH KÜCHE

KÖSTLICHE REZEPTE OHNE MILCH & MEHL

DAS KRANZBACH teNeues

VORSPEISEN

SUPPEN

FLEISCH & GEFLÜGEL

INHALT

GESUND UND KÖSTLICH
SPEISEN OHNE MILCH UND MEHL

Eine Geschichte von Sabine Beyer

„AUCH MIT LAKTOSE- UND GLUTENINTOLERANZ KANN MAN NACH LUST UND LAUNE GENIESSEN. ZUGEGEBEN, VOR NICHT ALLZU LANGER ZEIT HÄTTE ICH DAS NICHT FÜR MÖGLICH GEHALTEN."

Um es gleich zu verraten: Das Hotel Kranzbach ist eine Insel. Meine Insel auf dem Berg mit Almwiesen, Kuschelecken und einer Küche, die nicht nur mein Problem versteht, sondern mich wieder glücklich gemacht hat. Und mit besonderen Inseln kenne ich mich ja aus. Ob Malediven oder Mykonos, seit über 20 Jahren bin ich beruflich ständig unterwegs und auf der Suche nach den schönsten und exklusivsten Orten dieser Erde. Privat finde ich jedoch immer wieder zurück ins Kranzbach. Zum heimeligsten Ort für meine Seele.

Was ich erst richtig zu schätzen lernte, als mir mein Körper ein Stoppschild zeigte.

Häufige Bauchschmerzen und Hautprobleme plagten mich. Stress, sagte ich mir. Und viele, die mein Berufsleben kennen, nickten. Als Inhaberin eines Veranstalters für individuelle Reisen und Spezialistin für die Malediven habe ich intensive Kundenkontakte und bin ständig unterwegs: zwischen meinen beiden Dependencen, auf Messen und in Hotels weltweit. Klar, das strengt an und fordert einem einiges ab. Die Diagnose bei der Heilpraktikerin aber lautete: Laktose- und Glutenintoleranz, heute so etwas wie eine Zivilisationskrankheit, die den Alltag eines jeden Betroffenen ziemlich ins Wanken geraten lässt. Weil sich der Körper ausgerechnet gegen Milch und Mehl wehrt, die Grundnahrungsmittel der Menschen seit Urgedenken. Was für eine Ironie. Zum Leben, wie ich es gewohnt war, gehörte das Essen mit Freude. Mit Genuss. Kulinarisch kreativ, exotische Landesküche, egal an welchem Ort der Welt, oder Bodenständiges aus der Heimat –

... BUCHWEIZEN ALS MEHLERSATZ UND SOJAMILCH STATT VOLLMILCH. GUTES AUS DER REGION. UND ES ERÖFFNET SICH EINE VIELFALT AN GENÜSSEN ...

alles gleichermaßen gern. Frisches Bauernbrot mit Butter! Sollte nicht mehr möglich sein? Keine Pasta! Nicht mal mehr ein Cappuccino? Meine No-Go-Einkaufsliste sah plötzlich so traurig aus: keine Kuhmilch, nicht mal Milch von der Ziege, nur vom Schaf. Kein Roggen, Weizen, Hafer. Dafür Buchweizen, Amarant, Quinoa oder Mais. Meine Unbefangenheit war verflogen und mit ihr viel Lust, Energie und Leidenschaft. Dafür hatte sich Unsicherheit breit gemacht. Auf Reisen – wie sollte das gehen? Unterwegs, am Bahnhof, auf Flughäfen, im Flugzeug? Mal eben ein Brötchen oder einen Müsliriegel. No way. Ein Essen mit Freunden oder Kunden im Restaurant und dabei wie ein Vogel am Salatblättchen picken, den kulinarischen Spielverderber geben? Eine Vorstellung ohne Charme.

FÜR DIE GRÜNDERIN UND CHEFIN
VON STOP OVER REISEN, SABINE BEYER,
STEHT DAS KRANZBACH FÜR GESUNDHEIT,
VITALITÄT UND NATUR.

IDEAL ZUM ABSCHALTEN UND AUFTANKEN.

Trotzdem war es fortan wichtig, aufmerksam zu sein, weil die Lebensmittelintoleranz ein echtes Risiko für die Gesundheit darstellt. Eines, das gar nicht mehr selten ist: Nach neuen Untersuchungen leidet inzwischen jeder 250. Deutsche darunter, Tendenz steigend. Häufige Begleiterscheinung ist die Milchzuckerunverträglichkeit. Gluten- und laktosefreie Ernährung ist die einzige tiefgreifende Therapie. Für mich war es zuerst einmal ein Verlust an Lebensqualität. Silvester 2008 gönnte ich mir dann wieder mal eine kleine Auszeit im Hotel Kranzbach und verabredete gleich nach dem Einchecken ein Date, das für mich wunderbare Konsequenzen haben sollte. Ich traf Küchenchef Thomas Reichl. Aufmerksam inspizierte er meine No-Go-Liste, ließ sich Zeit, wog ab, verwarf und entwarf neu. Der Spitzenkoch nahm sich meiner Sache so intensiv an, als ob es um einen Michelin-Stern ginge. Bald sprudelten seine Ideen. Es klang fantastisch, es klang nach Köstlichkeiten, nach Abwechslung, nach Lust und Liebe!

Und so war's: Nie zuvor habe ich ein Silvestermenü so genossen wie dieses. Ich schwebte im siebten Himmel (und jeder, der mal über längere Zeit strenge Diät halten musste, weiß, wovon ich rede). Das Herzstück dieses kulinarischen Glücks aber lag darin, dass ich gleichzeitig alle Sorgen um Wohlbefinden und Gesundheit einfach vergessen konnte.

... ESSEN ALS GESAMTKUNSTWERK ZELEBRIERT ...

Am Neujahrsmorgen: Gipfelglühen in der Morgensonne, Wintermärchenlandschaft, ein strahlend blauer Himmel. Erholsame Stille, nur das Knirschen des gefrorenen Schnees unter meinen Füßen. Ich werde nicht vergessen, wie ruhig alles war,

wie ruhig ich selbst war, unterwegs an diesem Morgen. Loslassen, Freude und Zuversicht. Es ging mir gut. Nach diesem Spaziergang wurde die Idee zu diesem Kochbuch endgültig geboren.

Am Frühstücksbuffet bei den Omeletts, die Thomas Reichl zubereitete. „Wollen Sie mit mir ein Kochbuch machen, laktose- und glutenfreies Essen für Genießer?" fragte ich ihn. Er war sofort begeistert. Auch Kranzbachs Hoteldirektorin Petra Barta und die Inhaber konnten schnell überzeugt werden. So entstanden die Rezepte für dieses Kochbuch. Raffinierte, aber unkomplizierte Gerichte, die uns trotz Nahrungsmittelunverträglichkeit kulinarisch verführen. Von der Vorspeise über Suppe bis zum Dessert. Risottobällchen auf Ratatouille, Tofu-Pfifferlingsgröstl mit Frühlingslauch und Rinderfilet in Rotwein mit Kartoffelkrapfen, eine Lavendel-Crème brûlée und Salzburger Nockerl, um Ihnen nur einen kleinen Vorgeschmack zu geben. Alles mit leicht verständlichen Anleitungen und den besten Zutaten.

Eure Lebensmittel sollen eure Heilmittel sein – hat Hippokrates gefordert. So gesehen wird dieses Buch zur leckersten Therapie der Welt. Ich würde mich freuen, wenn Sie meine Begeisterung teilen und Ihnen meine Geschichte neue Wege zum Wohlergehen eröffnet. Denn die zeigen sich oft erst dann, wenn einem Grenzen gesetzt werden. Ich wünsche Ihnen guten Appetit – ohne Wenn und Aber!

... NEUE WEGE ERGEBEN SICH OFT ERST DANN, WENN EINEM GRENZEN GESETZT WERDEN ...

DAS KRANZBACH
HOTEL & WELLNESS REFUGIUM

MARY PORTMAN WAR MIT DER PFERDE-
KUTSCHE AUF DEM WEG INS ROMANTISCHE
BERGTAL, ALS SIE ANHALTEN LIESS.
DANN GING SIE AUF DAS PLATEAU UND
BETRACHTETE DIE „GOLDENE RUNDE"
VON KARWENDELMASSIV, WETTERSTEIN-
GEBIRGE UND ZUGSPITZE. ALS SIE NACH
LÄNGERER ZEIT ZURÜCKKAM, SAGTE SIE:
„HIER WERDE ICH MIR EIN SCHLOSS BAUEN".

Am 4. September 1913 unter-
schrieb die gebürtige Engländerin,
der zehnte Spross einer reichen
Aristokratenfamilie aus London,
den Kaufvertrag für die „Kranzbach-
Wiese" und beauftrage 1915 die
beiden englischen Architekten
Detmar Blow und Fernand Billerey,
ihr persönliches „Wohnhaus
in Krün" zu bauen. Die beiden
waren Anhänger der englischen
„Arts-and-Crafts-Bewegung"
und interpretierten diesen Stil
an historischen Bauwerken.

So auch bei Schloss Kranzbach,
bei dem die Reminiszenz an
englische Traditionen offensichtlich
ist. Schon bald sprach man
daher vom „Englischen Schloss".

Vor einigen Jahren erwarb
eine private Familienstiftung
aus Österreich das Anwesen
und eröffnete nach umfassenden
Renovierungsmaßnahmen
das Kranzbach als spezialisiertes
Wellness- und Wohlfühlhotel.

„Harmonie mit der Natur ist die Zauberformel, wenn es um die bestmögliche Erholung geht."

ABSCHALTEN
DIE SEELE BAUMELN LASSEN

Die geradezu berauschend schöne Natur ist zugleich Kulisse und Hauptattraktion des Hotels, das fernab von Lärm und Hektik auf einem sonnigen Hoch-Plateau liegt und mit freier Sicht auf Zugspitze und Wetterstein beeindruckt. Die beiden Gebäudeteile, das historische „Mary Portman House" und der mit viel Glas und Holz gestaltete Neubau, verbinden sich trotz ihrer Unterschiedlichkeit zu einem harmonischen Gesamtensemble, das seine Umgebung zwar prägt, aber nicht dominiert.

Wohlbefinden ist ein ganzheitlicher Zustand, der nicht gegen, sondern immer nur mit der Natur gelingen kann. So geschieht die Wiedervereinigung von Mensch und Natur im Kranzbach auf vielen Ebenen. Überall im Haus ist sie zum Greifen nah: Große Fenster und viele Terrassen gewähren überwältigende Ausblicke, locken immer wieder hinaus und gestalten den Übergang ins Freie fließend.

Die größtmögliche Nähe zur Natur ist hier das Besondere und macht das Kranzbach zu einem einzigartigen Ort. „Wenn wir der Natur nahe kommen, können wir uns selbst nahe sein. Und nur in der Stille können wir unserer inneren Stimme lauschen", lautet das Credo im Kranzbach.

AUFTANKEN
SINNE SPÜREN

Die abgeschiedene Lage und 130 000 m² eigener Grund mit Buckelwiesen und Bergquelle sorgen für vollkommene Ruhe. Hier wird der Aufenthalt an der frischen Luft zu einem ungestörten Vergnügen, ob beim Yoga im Freien, Schwimmen im riesigen Außenpool, beim Sonnenbaden oder Frühstück auf der Terrasse.

Die unmittelbare Umgebung mit Seen, Bergen, Wiesen und Wäldern macht auch Bewegungsmuffeln Lust aufs Wandern, Walken oder Biken und mit jedem Schritt tut man Körper und Seele Gutes. Selbst in der Nacht, wenn durch das geöffnete Fenster nichts als Ruhe und reinste Luft ins Zimmer dringt, kommt man im Kranzbach der Erholung mit jedem tiefen Atemzug ein Stückchen näher.

Smokers
Room

„Im Kranzbach wird die Zeit
unwichtig, hier gibt die Natur
den Lebensrhythmus vor."

ABHEBEN
NEUE ZIELE SETZEN

Der beeindruckende Anblick der
zum Greifen nahen Zugspitze
relativiert die Größe mitgebrachter
Probleme. An der klaren Luft klären
sich die Gedanken, wird der Kopf
frei. Neue Ideen und deren
Umsetzung erscheinen plötzlich
ganz leicht, die mentale Kraft wird
stärker und das wiedererlangte
Wohlbefinden im eigenen Körper
ist intensiv zu spüren. Hier ist man
aufgehoben in einem wunderbaren
Hotel, in der großartigen Natur,
vor allem aber bei sich selbst.

VITAL & NATÜRLICH
DIE KRANZBACH-KÜCHENPHILOSOPHIE

„UNSER ANSPRUCH IST ES, AUCH GÄSTEN,
DIE EINE LAKTOSE- UND GLUTENINTOLERANZ
HABEN, KULINARISCHE HIGHLIGHTS ZU BIETEN
UND IHNEN DAS GEFÜHL ZU VERMITTELN,
AUF NICHTS VERZICHTEN ZU MÜSSEN."

Unter dem Motto „vital & natürlich" verarbeiten wir stets frische, ökologisch angebaute und hochwertige Produkte, die wir in unsere klassisch-modern interpretierte Küche einfließen lassen. Regionale und saisonale Produkte sind uns sehr wichtig – daher arbeiten wir eng mit lokalen Kleinstanbietern zusammen, deren Erzeugnisse noch einen ganz eigenen, charakteristischen Geschmack haben. Auf diesem ernährungswissenschaftlich neuesten Stand sind wir immer bestrebt, Vorreiter einer gesunden, vitalen und genussvollen Küche zu sein.

Gäste mit Laktose- und Glutenintoleranz legen ein Stück ihrer Gesundheit in die Hände unserer Köche. Deshalb ist jeder einzelne von ihnen in der Pflicht, Verantwortung zu übernehmen und unter diesem gesundheitlichen Aspekt eine Vertrauensbasis zum Gast zu schaffen.

Für unser Küchenteam sind solche Lebensmittelunverträglichkeiten keine Last, sondern eine kreative Herausforderung auch kulinarisch zu überzeugen. Die große Produktpalette, aus der wir schöpfen können, mit ihren zahlreichen Möglichkeiten ist Garant für eine abwechslungsreiche und genussvolle Küche. Kompetente Produktkenntnisse und ein Umdenken aller Beteiligten eröffnen vielseitige Perspektiven einer adäquaten Küche ohne Einschränkungen.

DIE GRUNDSÄTZE UNSERER KRANZBACH-KÜCHE, NACH DENEN UNSER KÜCHENTEAM TAGTÄGLICH LEBT UND ARBEITET, HABEN WIR IN EINIGEN PUNKTEN ZUSAMMENGEFASST:

1. Wir bemühen uns konsequent, für die Gesundheit unserer Gäste Gutes zu tun.

2. Wir versuchen, verantwortungsvoll Freude am Genießen zu bieten – für ein besseres Leben – ohne andere zu schädigen. Dazu gehört für uns die Schonung der Umwelt, die gute Zusammenarbeit mit unseren Lebensmittelproduzenten, die Motivation der Mitarbeiter.

3. Wir verwenden nur Produkte höchster Qualität, gesicherter Herkunft, von Tieren artgerechter Haltung.

4. Wir verarbeiten für die Fleischgerichte in unseren Menüs nicht nur die „edlen Filetstücke", sondern möglichst alle Teile.

5. Wir favorisieren Produkte aus der Region mit kurzen Transportwegen, möglichst der jeweiligen Saison entsprechend.

Wir versuchen, die „kulinarische Globalisierung rund um das ganze Jahr" zu vermeiden.

6. Wir besuchen unsere Lieferanten – soweit möglich – vor Ort und überzeugen uns von der Umsetzung unserer Ansprüche.

7. Unsere gelebte Küchenphilosophie ist ein Beitrag zur Ausbildung unserer gastronomischen Nachwuchskräfte. Wir wollen ihre Sensibilität für frische, natürliche, gesunde Lebensmittel wecken und fördern.

Mit diesem Buch geben wir Ihnen eine kleine Anleitung und besondere Rezepte für eine genussvolle Ernährung ohne Milch und Mehl, um die Vielfalt Ihrer täglichen Ernährungspalette zu erweitern.

Thomas Reichl
mit allen Küchenmitarbeitern

VORSPEISEN &
ZWISCHENGÄNGE

BLUMENKOHLMOUSSE MIT GESCHMORTEN KIRSCHTOMATEN

Blumenkohlröschen vom Kopf lösen und im Salzwasser ca. 5 Minuten blanchieren. Anschließend mit der Sojamilch in einem Topf bei mittlerer Hitze verkochen, bis keine Flüssigkeit mehr vorhanden ist. Gelatine in kaltem Wasser einweichen. Die Blumenkohlmasse in einem Mixer pürieren und mit Salz, Muskat und etwas weißem Balsamico abschmecken. Die eingeweichte Gelatine aus dem Wasser nehmen, gut ausdrücken und in der warmen Blumenkohlmasse auflösen. Gut verrühren und kalt stellen. Die Eier trennen. Das Eiweiß steif schlagen und unter die abgekühlte Blumenkohlmasse unterheben. Im Kühlschrank 4 Stunden kalt stellen. Die Kirschtomaten in ein flaches Gefäß geben. Mit dem Olivenöl, Knoblauchzehe und den Kräutern im Ofen bei 120°C 15 Minuten garen.

Die Tomaten auf einem Tuch abtropfen lassen. Das Mousse mit einem Löffel zu Nocken stechen und auf einem Teller mit den Kirschtomaten anrichten.

1	Kopf Blumenkohl
250 ml	Sojamilch
2	Eier
4	Blatt Gelatine
	weißer Balsamico
200 ml	Olivenöl
16	Kirschtomaten
1	Knoblauchzehe
1	Rosmarinzweig
1	Thymianzweig
5	Basilikumblätter

SELLERIERAVIOLI MIT MADEIRASAUCE

Den Selleriekopf schälen und in ca. 1 mm dünne Scheiben schneiden. Mit einem Ausstecher 24, ca. 5 cm große Scheiben ausstechen. Die Selleriescheiben in kochendem Salzwasser ca. 20 Sekunden blanchieren, in kaltem Wasser abschrecken und auf ein Tuch legen. Den restlichen Sellerie klein schneiden und ebenfalls ca. 1 Minute blanchieren. Anschließend mit der Sojamilch in einem Topf bei mittlerer Hitze verkochen, bis keine Flüssigkeit mehr vorhanden ist. Die Selleriemasse im Mixer pürieren und mit Salz und Muskat abschmecken. Auf die Hälfte der Selleriescheiben das Püree verteilen und mit den restlichen Scheiben bedecken. Für die Sauce den Madeira in einen Topf geben und bei mittlerer Hitze auf ein Drittel reduzieren. Mit der Brühe oder Fond aufgießen und nochmals auf ein Drittel reduzieren. Mit der Sojamilch um die Hälfte reduzieren und mit einem Mixstab gut aufmixen. Mit Salz und eventuell Pfeffer abschmecken. Die Ravioli im Ofen oder über Wasserdampf erhitzen und mit der Sauce auf einem Teller anrichten.

1	großer Selleriekopf
200 ml	Sojamilch
200 ml	Madeira
200 ml	Brühe
	oder Gemüsefond
200 ml	Sojamilch
	Salz
	Muskat

KONFIERTER LACHS MIT ERBSEN-WASABIPÜREE

Den Lachs in 4 gleich große Stücke schneiden. Das Olivenöl in einen flachen Topf geben und mit den Kräutern und Gewürzen auf ca. 60°C erwärmen.

300 g	frisches Lachsfilet aus dem Mittelstück
500 ml	Olivenöl
1	Rosmarinzweig
1	Thymianzweig
3	Knoblauchzehen
3	Wacholderbeeren
1	Lorbeerblatt
8	Pfefferkörner
250 g	tiefgekühlte Erbsen
500 ml	Geflügel- oder Gemüsefond
20 g	Wasabi
	Salz

Die Erbsen mit dem Fond in einen Topf geben und weich kochen. Zusammen fein mixen und anschließend durch ein feines Sieb streichen. Mit Salz und Wasabi abschmecken.

Den Lachs in das erwärmte Olivenöl geben und ca. 20-25 Minuten ziehen lassen. Der Lachs sollte seine rote Farbe behalten und schön glasig sein. Nach dem Garen auf einem Tuch abtropfen lassen und auf dem Erbsen-Wasabipüree anrichten.

GEBRATENE RIESEN-GARNELEN MIT AVOCADO-PAPRIKAVINAIGRETTE

GEBRATENE RIESEN-GARNELEN MIT AVOCADO-PAPRIKAVINAIGRETTE

Die Riesengarnelen bis zum Schwanzsegment schälen und entdarmen. Mit dem Messer der Länge nach bis zum Schwanzsegment einschneiden.

Avocado schälen, entkernen und in kleine Würfel schneiden. Den Paprika halbieren, Kernhaus entfernen und ebenfalls in kleine Würfel schneiden. Balsamico und Olivenöl kräftig verrühren und über die Avocado-Paprikamischung geben. Mit Salz und Pfeffer abschmecken.

Die Riesengarnelen salzen und in einer heißen Pfanne mit etwas Olivenöl scharf anbraten. Zum Schluss eine zerdrückte Knoblauchzehe und einen Rosmarinzweig hinzufügen.

Die Avocado-Paprikavinaigrette flach auf einem Teller anrichten und die Riesengarnelen darauf setzen.

12	Riesengarnelen ohne Kopf
2	reife Avocados
1	roter Paprika
3 EL	weißer Balsamico
3 EL	Olivenöl
1	Knoblauchzehe
1	Rosmarinzweig
	Salz
	Pfeffer

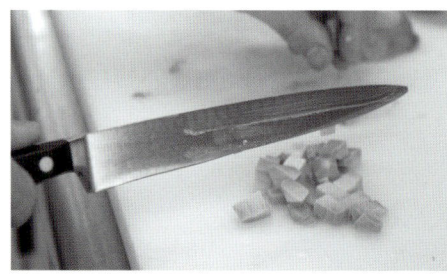
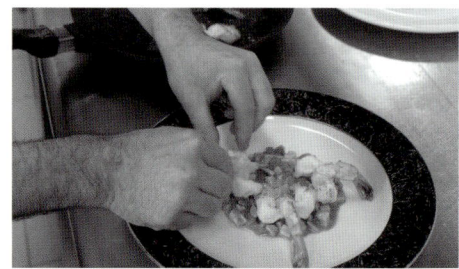

RÄUCHERFORELLENTATAR MIT EIGENEM KAVIAR

200 g	geräuchertes Forellenfilet
40 g	Forellenkaviar natur
100 g	Sojajoghurt
100 ml	Sojamilch
	Dill
	Salz
	Pfeffer
	Zitronensaft

Die Haut von den Forellenfilets abziehen und in feine Würfel schneiden. Den Joghurt mit der Milch verrühren und mit Salz, Pfeffer und Zitronensaft abschmecken. Forellenwürfel mit der Joghurtcreme gut vermischen. Gehackten Dill zugeben und mit dem Kaviar anrichten.

SALAT VON KALBSBRIES UND STEINPILZEN

300 g	Kalbsbries (Herzstück)
200 g	frische Steinpilze
100 g	kleiner Feldsalat
3 EL	Balsamico
2 EL	Olivenöl
1 EL	Kürbiskernöl
	Salz & Pfeffer
	frischer Kerbel
	etwas Buchweizenmehl

Das Bries eine Stunde in kaltem Wasser wässern. Die Pilze putzen und in feine Scheiben schneiden. Den Feldsalat gründlich waschen und gut abtropfen. Balsamico, Olivenöl, Kürbiskernöl, Salz und Pfeffer zu einer kräftigen Marinade verrühren.

Das Bries mit einem Tuch gut trocken tupfen und in feine Scheiben schneiden. In einer Pfanne etwas Pflanzenöl erhitzen. Die Briesscheiben in dem Buchweizenmehl wenden und in die Pfanne einlegen. Auf beiden Seiten ca. 3 Minuten braten. Die Steinpilze ebenfalls in einer Pfanne mit etwas Pflanzenöl braten. Mit Salz und Pfeffer würzen und mit frisch gehacktem Kerbel bestreuen. Das Bries erst nach dem Braten mit Salz und Pfeffer würzen. Die Steinpilze mit den Briesscheiben auf einem Teller flach anrichten. Den Feldsalat darauf verteilen und marinieren.

Dekoration: Blüten von Kapuzinerkresse, Kamillenblüten

KÜRBIS-RUCOLARISOTTO MIT GESCHMORTEM CHICORÉE

Für das Risotto

200 g	Risottoreis
1	kleine Zwiebel
250 g	Hokkaidokürbis
750 ml	Geflügelfond
50 ml	Weißwein
1 EL	Kürbiskernöl
30 g	Kürbiskerne
50 g	Rucola
2 EL	Olivenöl
	Salz
	Muskat

Für den Chicorée

2	Stück Chicorée
250 ml	Gemüsefond
250 ml	Orangensaft
	Salz

Den Chicorée der Länge nach vierteln und nur so viel vom Strunk entfernen, dass die Blätter noch zusammenhalten. Den Gemüsefond und den Orangensaft miteinander aufkochen und etwas salzen. Den Chicorée in eine feuerfeste Form legen und mit dem Fond übergießen. Mit Alufolie abdecken und bei 160°C ca. 45 Minuten garen. Der Chicorée sollte richtig weich sein.

Die Zwiebel schälen und in feine Würfel schneiden. Mit einem Messer Schale und Kerne des Kürbis entfernen, danach in kleine Würfel schneiden. Das Olivenöl in einem Topf erhitzen und darin die Zwiebel glasig dünsten. Anschließend die Kürbiswürfel und den Risottoreis mitschwitzen und mit Weißwein ablöschen. Den Gemüsefond nach und nach zugeben. Nach ca. 20 Minuten sollte der Reis weich sein.

Den Chicorée aus dem Ofen holen und den Fond in einen Topf abgießen. Den Fond auf ein Drittel reduzieren. Den Rucola etwas klein schneiden und unter das Risotto rühren. Mit Salz, Muskat und dem Kürbiskernöl abschmecken. Den Chicorée in dem reduzierten Fond erhitzen und mit dem Risotto auf einem Teller anrichten.

TOFU-PFIFFERLINGSGRÖSTL MIT FRÜHLINGSLAUCH

1	Zwiebel
4	mittelgroße, festkochende Kartoffeln
250 g	Tofu
200 g	Pfifferlinge
1	Bund Frühlingslauch
2 EL	Öl
	Salz
	Pfeffer
	Muskat
	frischer Majoran
	frische Petersilie

Die Kartoffeln bissfest kochen und schälen. Die Pfifferlinge mit einem kleinen Küchenmesser putzen. Die Zwiebel schälen und in feine Würfel schneiden. Den Frühlingslauch waschen und in Ringe schneiden. Den Tofu in kleine Würfel schneiden. Die abgekühlten Kartoffeln in kleine Würfel schneiden und mit dem Öl in einer Pfanne anbraten. Sobald die Kartoffeln eine hellbraune Farbe angenommen haben, die Zwiebelwürfel und die Pfifferlinge zugeben und mitbraten.

Zum Schluss den Tofu und den Frühlingslauch nur kurz unter Schwenken zugeben und mit Salz, Pfeffer und Muskat würzen. Auf einem Teller anrichten und mit frischer Petersilie und Majoran bestreuen.

Dekoration: Radicchioblatt, Salbeiblätter

MEDITERRANE GEMÜSESÜLZE

Für die Sülze

1	gelbe Zucchini
1	grüne Zucchini
1	roter Paprika
1	Aubergine
500 ml	Gemüsebrühe
2 EL	weißer Balsamico
9	Blatt Gelatine
1	Rosmarinzweig
2	Knoblauchzehen
1	Lorbeerblatt
3	Nelken
	Salz

Für die Vinaigrette

3 EL	Balsamico
3 EL	Olivenöl
2	Tomaten
5	Basilikumblätter
1 EL	Wasser
	Salz
	Pfeffer

Die Aubergine und Zucchini der Länge nach in ca. 3 mm dicke Scheiben schneiden. Paprika halbieren, entkernen und der Länge nach achteln. Die Gemüsescheiben mit Olivenöl in einer Pfanne scharf anbraten. Auf einem Tuch abtropfen lassen und kalt stellen. Die Gemüsebrühe mit den Gewürzen in einem Topf kurz aufkochen lassen. Mit Salz und weißem Balsamico abschmecken. Gelatine im kalten Wasser 10 Minuten einweichen. Die Brühe durch ein feines Sieb passieren. Die ausgedrückte Gelatine in der lauwarmen Brühe auflösen und kalt stellen.

Terrinenform mit Frischhaltefolie auslegen. Die Auberginen quer als Mantel in die Terrinenform legen. Mit der kalten, aber noch nicht gelierten Brühe ca. 0,5 cm angießen. Terrine kalt stellen, bis die Brühe zu gelieren beginnt.

Jetzt das Gemüse schichtweise einlegen. Nach jeder Schicht mit Brühe aufgießen und im Kühlschrank stocken lassen. Die Terrine nach dem Gemüseschichten mindestens 12 Stunden kalt stellen.

Für die Vinaigrette die Tomaten anritzen, Strunk entfernen, in kochendem Wasser 10 Sekunden blanchieren und in kaltem Wasser abschrecken. Schälen, vierteln, Kernhaus entfernen und in kleine Würfel schneiden. Den Balsamico mit dem Wasser und dem Olivenöl gut verrühren und mit Salz und Pfeffer abschmecken. Mit den Tomatenwürfeln vermischen und das klein geschnittene Basilikum zugeben.

Die Gemüsesülze in ca. 3 cm große Scheiben schneiden und mit etwas Rucola und der Vinaigrette anrichten.

GEFÜLLTER KANINCHENRÜCKEN MIT SOMMERTRÜFFEL

4	Kaninchenrückenstränge
100 g	Putenbrust
1	Ei
100 ml	Sojamilch
20 g	Sommertrüffel
	Salz
	Pfeffer
	Muskat

Die Putenbrust in kleine Würfel schneiden und ca. 30 Minuten ins Gefrierfach legen. Die Silberhaut von den Kaninchenrücken lösen, der Länge nach einschneiden und unter Frischhaltefolie dünn plattieren (klopfen).

Den Sommertrüffel in feine Scheiben schneiden und in einer Pfanne mit etwas Öl kurz anschwitzen. Das eiskalte Putenfleisch mit der ebenfalls eiskalten Sojamilch im Mixer aufmixen. Die Milch nach und nach zugeben. Mit Salz, Pfeffer und Muskat abschmecken.

Die plattierten Kaninchenrücken mit der Putenfarce bestreichen und den Sommertrüffel darauf verteilen. Nun kräftig einrollen und erst in Frischhaltefolie, danach in Alufolie einschlagen. Über Dampf bei ca. 80°C 15-20 Minuten garen.

Dekoration: karamellisierte Haselnüsse, Kerbelblatt, Blüten von Kapuzinerkresse

SUPPEN

SÜSSKARTOFFEL-CREMESUPPE

500 g	Süßkartoffeln
500 ml	Gemüse- oder Geflügelfond
500 ml	Kokosmilch (ungesüßt)
1	Zwiebel
1 TL	Kurkuma
1 TL	Kreuzkümmel (gemahlen)
30 g	frischer Ingwer
2 EL	Olivenöl

Zwiebel schälen und in feine Würfel schneiden. Süßkartoffel ebenfalls schälen und klein schneiden. Die Zwiebelwürfel in einem Topf mit dem Olivenöl glasig dünsten. Den Ingwer schälen, klein schneiden und mit den Süßkartoffeln zugeben und mitschwitzen. Mit Kurkuma und Kreuzkümmel würzen. Mit dem Gemüsefond und der Kokosmilch aufgießen und ca. 20 Minuten köcheln lassen. Mit einem Mixstab pürieren und passieren. Mit Salz abschmecken und servieren.

KOKOS-CURRYSUPPE

1	Apfel
1	Banane
¼	Ananas
1	Zwiebel
125 ml	Weißwein
500 ml	Gemüse- oder Geflügelfond
500 ml	Kokosmilch (ungesüßt)
1 EL	Currypulver
20 g	eingelegter Ingwer Salz

Die Zwiebel und das Obst schälen, entkernen und klein schneiden. Zuerst die Zwiebel in einem Topf mit etwas Pflanzenöl glasig schwitzen, dann das Obst zugeben und kurz mitschwitzen. Mit dem Currypulver bestäuben und mit Weißwein ablöschen. Bei mittlerer Hitze ca. 5 Minuten köcheln lassen. Mit dem Fond aufgießen und einmal aufkochen lassen. Kokosmilch zugeben, aufkochen lassen und fein mixen. Passieren und mit Salz abschmecken.

TOPINAMBUR-CREMESUPPE

500 g	Topinambur
1	Zwiebel
500 ml	Gemüse- oder Geflügelfond
500 ml	Sojamilch
1	rote Chilischote
50 g	weiße Kuvertüre
2 EL	Olivenöl
	Salz

Zwiebel schälen und in feine Würfel schneiden. Topinambur ebenfalls schälen und klein schneiden. Die Zwiebeln mit der klein geschnittenen Chilischote in einem Topf mit etwas Olivenöl glasig dünsten. Die Topinambur zugeben und mitschwitzen. Mit dem Fond und der Sojamilch aufgießen und weich köcheln. Mit dem Mixer pürieren und passieren. Mit Salz abschmecken und erst kurz vor dem Servieren die weiße Kuvertüre einmixen.

KRÄUTERSCHAUMSUPPE

1	Zwiebel
1	Petersilienwurzel
2	Stangen Staudensellerie
1	Stange Lauch
1	Knoblauchzehe
2 EL	Pflanzenöl
1	Lorbeerblatt
2	Nelken
5	Pfefferkörner
100 ml	Weißwein
500 ml	Geflügelfond
500 ml	Sojamilch
	Kartoffelstärke
	Muskat
	Salz

Frische Kräuter nach
Geschmack und Saison,
z. B.:
Petersilie
Kerbel
Thymian
Schnittlauch
Basilikum
Brunnenkresse
Salbei
Bärlauch

Zwiebel und Knoblauch
schälen, das Weiße vom Lauch,
den Staudensellerie und die
Petersilienwurzel ebenfalls
waschen und alles klein schneiden.
Zusammen in einem Topf mit etwas
Pflanzenöl farblos anschwitzen.
Lorbeer, Pfefferkörner und Nelken
zugeben und mit Weißwein
ablöschen. Mit Geflügelfond
und Sojamilch aufgießen und
ca. 20 Minuten köcheln lassen.
Die Kräuter waschen, gut trocken
tupfen und fein hacken.
Die Suppe passieren und bei
Bedarf mit der Kartoffelstärke
etwas binden. Mit Salz und
Muskat abschmecken und kurz
vor dem Servieren die Kräuter
so fein wie möglich untermixen.

SELLERIE-APFELSUPPE

1	Zwiebel
1	kleiner Selleriekopf
2	Äpfel
500 ml	Gemüse- oder Geflügelfond
500 ml	Kokosmilch
1 TL	Preiselbeeren
2 EL	Pflanzenöl
	Zimt
	Salz

Die Zwiebel schälen und in feine Würfel schneiden. Den Sellerie ebenfalls schälen und klein schneiden. Die Zwiebel in einem Topf mit etwas Pflanzenöl glasig dünsten. Den Sellerie zugeben und mitschwitzen. Die Äpfel vierteln, Kernhaus entfernen und klein schneiden. Den Sellerie mit dem Fond aufgießen und ca. 10 Minuten köcheln lassen. Apfelstücke zugeben und alles zusammen gut weich kochen. Eine Prise Zimt und die Preiselbeeren zugeben. Im Mixer pürieren, anschließend passieren. Mit Salz abschmecken und servieren.

ERBSENCREME-SUPPE

400 g	Erbsen
1	Zwiebel
500 ml	Gemüse- oder Geflügelfond
500 ml	Sojamilch
2 EL	Pflanzenöl
	Salz
	Muskat

Zwiebel schälen und in feine Würfel schneiden. Die Zwiebel in einem Topf mit etwas Pflanzenöl glasig dünsten. Erbsen zugeben und kurz mitschwitzen. Mit Fond aufgießen und 10 Minuten köcheln lassen. Sojamilch zugeben und nochmals ca. 10 Minuten köcheln lassen. Im Mixer mixen und anschließend passieren. Mit Salz und Muskat abschmecken.

KÜRBIS-MANGOSUPPE

500 g	Muskatkürbis
1	Mango
1	Zwiebel
500 ml	Gemüse- oder Geflügelfond
500 ml	Kokosmilch
1 TL	Currypulver
20 g	Ingwer
2 EL	Olivenöl
	Salz
	Muskat

Muskatkürbis in grobe Stücke schneiden und bei 180°C ca. 30 Minuten auf einem Blech mit Backpapier rösten. Die Zwiebel schälen und in feine Würfel schneiden. Die Mango ebenfalls schälen und klein schneiden. Den Ingwer schälen, klein schneiden und mit den Zwiebelwürfeln in einem Topf mit Olivenöl glasig dünsten. Den Kürbis aus dem Ofen nehmen, Kürbishaut entfernen und klein schneiden. Mango und Kürbisstücke zugeben und kurz mitdünsten. Mit dem Currypulver bestäuben, mit dem Fond aufgießen und aufkochen lassen. Nach ca. 5 Minuten die Kokosmilch zugeben und alles zusammen weich kochen. Im Mixer pürieren und passieren.
Mit Salz und Muskat abschmecken.

STEINPILZ-POLENTASUPPE

400 g	Steinpilze
1	Zwiebel
100 g	Polenta
500 ml	Gemüse- oder Geflügelfond
500 ml	Sojamilch
1	Knoblauchzehe
	Salz
	Olivenöl

Die Zwiebel schälen und in feine Würfel schneiden. Steinpilze putzen und zwei Drittel davon klein schneiden. Das andere Drittel in Scheiben schneiden. Die Zwiebel mit dem Knoblauch in einem Topf mit etwas Olivenöl glasig dünsten. Die klein geschnittenen Steinpilze zugeben und mitschwitzen. Mit Gemüsefond aufgießen und aufkochen. Polenta einrühren und ca. 15 Minuten köcheln lassen. Die Steinpilzscheiben in etwas Olivenöl braten. Die Suppe gut mixen und passieren. Die Sojamilch einrühren und noch einmal aufkochen lassen. Die Suppe mit den Steinpilzscheiben anrichten.

MAISCREMESUPPE

400 g	Zuckermais
30 g	Zucker
1	Zwiebel
500 ml	Gemüse- oder Geflügelfond
500 ml	Kokosmilch
1	Knoblauchzehe
	Salz

Zwiebel schälen und in feine Würfel schneiden. Die Knoblauchzehe schälen und zerdrücken. Den Zucker in einem Topf karamellisieren. Zwiebelwürfel, zerdrückten Knoblauch und den Mais zugeben. Im Karamell kurz mitdünsten und mit dem Fond aufgießen. 10 Minuten köcheln lassen und Kokosmilch zugeben. Nochmals aufkochen und im Mixer mixen. Passieren und mit Salz abschmecken.

Dekoration: Popcorn

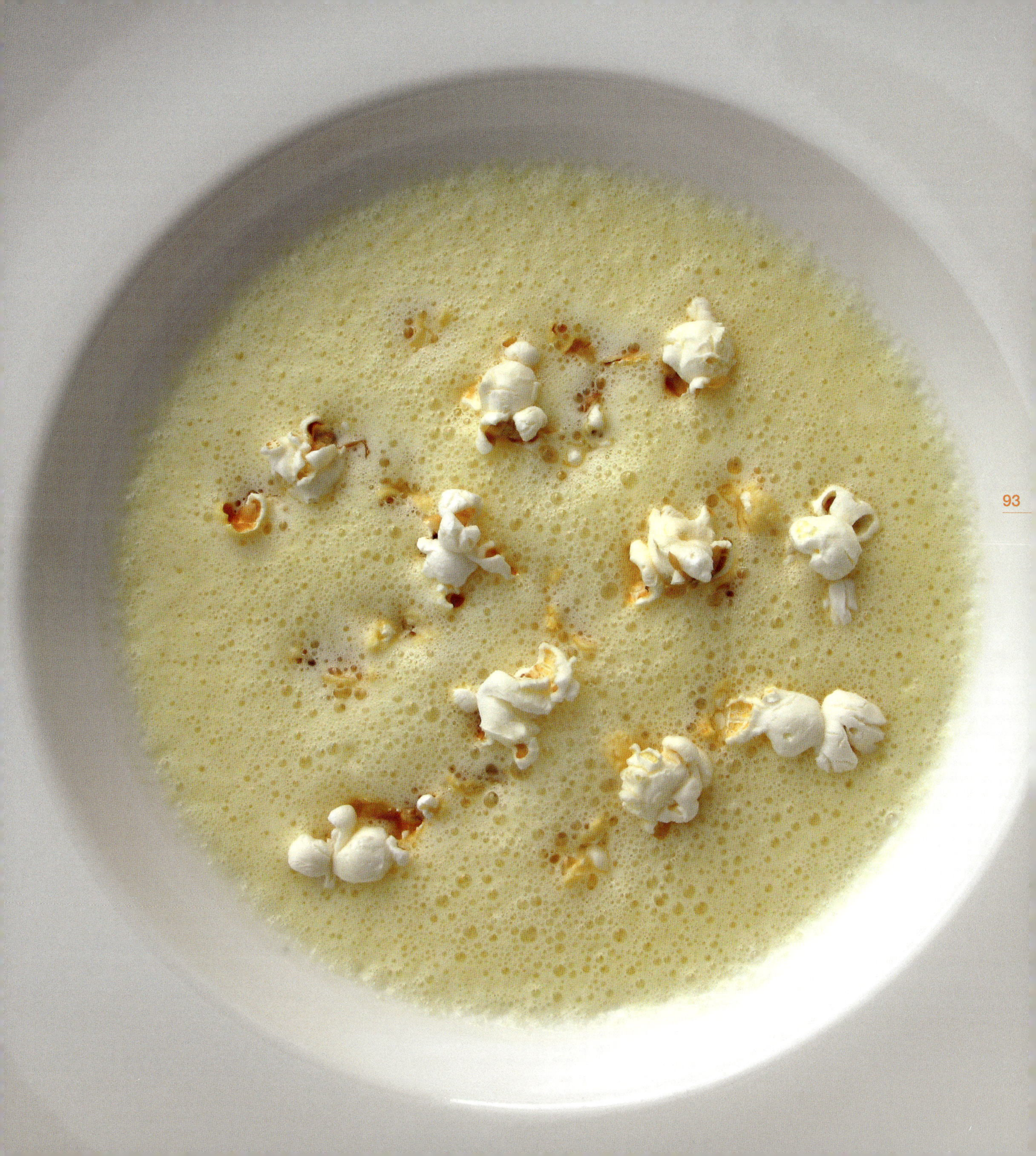

FLEISCH
& GEFLÜGEL

RINDERFILET IN ROTWEIN
MIT KARTOFFELKRAPFEN

800 g	Rinderfilet (Mittelstück)
1 l	kräftiger Rotwein
10	Pfefferkörner
5	zerdrückte Wacholderbeeren
5	Lorbeerblätter
5	Nelken
3	Thymianzweige
3	Rosmarinzweige
5	Salbeiblätter
3	Knoblauchzehen
30 g	Salz
	Für die Sauce
200 ml	roter Portwein
200 ml	kräftiger Rotwein
1	Thymianzweig
1	Knoblauchzehe
250 ml	Bratenjus
10 g	Maisstärke
	Für die Kartoffelkrapfen
500 g	Kartoffeln
125 ml	Wasser
60 g	Buchweizenmehl
30 g	Margarine
2	Eier
	Salz

Sehnen vom Rinderfilet entfernen. Den Rotwein mit den Kräutern und Gewürzen in einen hohen Topf geben und auf ca. 75°C erhitzen. Rinderfilet im ganzen Stück einlegen und ca. 1 Stunde ziehen lassen, bis die gewünschte Garstufe erreicht ist. Die Kartoffeln mit der Schale in kochendem Salzwasser mit etwas Kümmel weich kochen, abschütten, schälen und ausdampfen lassen. Das Wasser mit der Margarine und einer Prise Salz zum Kochen bringen. Das Buchweizenmehl mit einem Kochlöffel einrühren. Im Topf bei mittlerer Hitze ca. 5 Minuten unter ständigem Rühren abbrennen, bis sich am Topfboden eine Kruste bildet. In eine Schüssel geben und kurz abkühlen lassen. Die beiden Eier nach und nach kräftig unterrühren.

Die Kartoffeln durch eine Presse drücken und mit dem Brandteig glatt rühren. Mit Salz und Muskat abschmecken. Mit zwei Löffeln Nocken formen und kalt stellen.

Rotwein, Portwein, Thymian und Knoblauchzehe in einem Topf auf ein Viertel reduzieren und mit der Bratenjus aufgießen. Kurz einkochen und passieren. Bei Bedarf mit Salz abschmecken und mit Maisstärke binden. Die Kartoffelkrapfen im Fett schwimmend oder in der Friteuse bei ca. 170°C goldgelb backen. Das Filet aus dem Rotweinfond nehmen und ca. 3 Minuten auf einem Gitter ruhen lassen. Danach in die gewünschte Stärke schneiden und mit den Krapfen und der Sauce servieren.

KALBSRÜCKEN MIT STEINPILZEN

700 g	Kalbsrücken
500 g	Steinpilze
500 g	Blattspinat
100 ml	Weißwein
100 ml	Noilly Prat
250 ml	Gemüsefond
250 ml	Sojamilch
250 ml	Pflanzenöl
1	Rosmarinzweig
1	Thymianzweig
1	Knoblauchzehe
5	Wacholderbeeren
10	Salbeiblätter

Sehnen und Fett vom Kalbsrücken entfernen. Das Pflanzenöl mit der Hälfte der Salbeiblätter sowie den restlichen Kräutern, Knoblauch und Wacholder mixen und den Kalbsrücken damit 1-2 Tage im Kühlschrank marinieren. Die Steinpilze putzen und in Scheiben schneiden. Den Spinat gründlich waschen und Stiele entfernen. Den Kalbsrücken aus der Marinade nehmen und abtupfen. In einer Pfanne mit etwas Pflanzenöl scharf von allen Seiten anbraten. Auf ein Gitter legen und im Ofen bei 100°C ca. 45 Minuten garen, bis die gewünschte Garstufe erreicht ist. In der Zwischenzeit den Weißwein mit dem Noilly Prat in einem Topf zur Hälfte reduzieren. Mit dem Gemüsefond auffüllen und auf ein Drittel reduzieren. Die Sojamilch zugeben und zur Hälfte reduzieren. Mit Salz abschmecken und die restlichen Salbeiblätter einmixen. Den Spinat in reichlich Salzwasser kurz blanchieren. In Eiswasser abschrecken und auf einem Tuch abtupfen. Die Steinpilze in einer Pfanne mit Pflanzenöl bei starker Hitze braten. Kurz vor Schluss den Blattspinat mit den Steinpilzen in der Pfanne warm ziehen lassen. Den Kalbsrücken vor dem Aufschneiden kurz auf dem Gitter ruhen lassen. Die Steinpilze, den Blattspinat und die Kalbsrückenscheiben flach auf einem Teller anrichten und mit dem Salbeischaum servieren.

Dekoration: Kamillenblüten

GEFÜLLTE WACHTEL MIT GEMÜSEREIS

4	Wachteln
	(möglichst hohl ausgelöst)
1	kleine Zwiebel
1	Karotte
2	Stangen Frühlingslauch
100 g	Champignons
100 g	Risottoreis
1	Strauß Petersilie
1 l	Gemüsefond
50 ml	Weißwein
3	Eigelbe
	Olivenöl
	Salz

Zwiebel und Karotte schälen und in feine Würfel schneiden. Frühlingslauch waschen und in feine Ringe schneiden. Champignons putzen und in Scheiben schneiden. Zwiebel und Karottenwürfel in einem Topf in etwas Olivenöl anschwitzen. Risottoreis zugeben und kurz mitschwitzen. Mit Weißwein ablöschen. Bei schwacher Hitze köcheln lassen und den Gemüsefond nach und nach zugeben. Sobald der Reis bissfest gekocht ist, in eine Schüssel leeren und den Frühlingslauch zugeben. Champignons in einer Pfanne mit etwas Olivenöl kurz braten und zum Reis geben. Mit Salz abschmecken und abkühlen lassen. In der Zwischenzeit die Wachtel vom Rücken her mit einer dünnen Klinge hohl auslösen. Dabei soll das Tier in einem Stück bleiben, aber keine Knochen mehr enthalten. Mit dem Messer vorsichtig links und rechts bis zur Brust der Karkasse entlang schneiden. Die Karkasse vom Körper lösen. Flügel und Keulenknochen entfernen. Petersilie fein hacken und mit den Eigelben unter die abgekühlte Reismasse rühren. Die Wachteln auf die Hautseite legen und mit der Masse befüllen. Wachteln zusammenklappen und umgedreht auf ein mit Öl bestrichenes Backblech legen. Bei 170°C ca. 30 Minuten im Backofen garen.

LAMMHÜFTE MIT POLENTAKRUSTE

4	Lammhüften
500 ml	Wasser
125 g	schnellkochender Polentagrieß
5	schwarze Oliven
5	grüne Oliven
1	Knoblauchzehe
1	Rosmarinzweig

Für das Auberginenpüree

2	Auberginen
2	Rosmarinzweige
2	Thymianzweige
	grobes Meersalz
	Olivenöl

Fett und Sehnen von der Hüfte entfernen und je nach Geschmack 1-2 Tage im Kühlschrank mit Knoblauch und Kräutern marinieren. Wasser in einem Topf mit dem Knoblauch, dem Rosmarinzweig und etwas Salz zum Kochen bringen. Polentagrieß einrühren und bei schwacher Hitze ca. 5 Minuten köcheln lassen. Vom Herd ziehen, Rosmarin und Knoblauch entfernen und abkühlen lassen. Strunk von den Auberginen entfernen und der Länge nach halbieren. Backblech mit Backpapier auslegen und mit den Kräutern, Olivenöl und Meersalz bestreuen. Auberginen mit der Schnittfläche nach unten darauflegen und bei 160°C ca. 45 Minuten garen. Oliven hacken und unter die lauwarme Polenta heben. Mit Salz abschmecken, zu einer Rolle formen, in Frischhaltefolie wickeln und kalt stellen. Die Hüften in einer Pfanne mit etwas Olivenöl scharf von allen Seiten anbraten und auf ein Gitter setzen. Die kalte Polentarolle in Scheiben schneiden und auf den Hüften verteilen. Die Auberginen aus dem Ofen nehmen, mit einem Löffel das Fruchtfleisch auskratzen und im Mixer kräftig mixen. Das Auberginenpüree durch ein feines Sieb passieren und eventuell mit Salz abschmecken. Die Lammhüften mit der Polenta im Backofen bei ca. 120°C 20-25 Minuten garen.

REHRÜCKEN
IM BUCHWEIZENCRÊPE

2	Rehrückenstränge à 300 g
200 g	Putenbrust
400 ml	Sojamilch
1	Ei
100 g	Buchweizen
	Salz
	Muskat
	Pfeffer
	Pflanzenöl

Putenbrust in feine Würfel schneiden und für ca. 30 Minuten ins Gefrierfach legen. Die eiskalten Putenwürfel im Mixer mit 200 ml kalter Sojamilch aufmixen. Dabei die Sojamilch nach und nach zugeben. Die Putenfarce mit Salz und Muskat würzen und kalt stellen. Den Rehrücken von Fett und Sehnen befreien und ebenfalls kalt stellen. Buchweizenmehl mit 200 ml Sojamilch glatt rühren. Ei zugeben, gut verrühren und mit Salz würzen. Beschichtete Pfanne von ca. 24 cm Durchmesser mit Pflanzenöl fetten und erhitzen. In der Pfanne mit dem Teig zwei Buchweizenpfannkuchen von beiden Seiten backen und gut abkühlen lassen. Pfannkuchen flach auf die Arbeitsfläche legen und mit der Farce bestreichen. Den Rehrücken salzen, pfeffern, auf den bestrichenen Pfannkuchen legen und einrollen. Ein Stück Alufolie mit Pflanzenöl bestreichen, die Rehrückenrolle darauflegen und einrollen. An den Enden kräftig eindrehen und im Backofen bei 160°C ca. 20-25 Minuten garen.

GESCHMORTE KANINCHENKEULE

Karotte, Zwiebel und Sellerie in haselnussgroße Würfel schneiden. Kaninchenkeulen salzen. In einem Bräter oder einer hohen Pfanne mit Deckel etwas Pflanzenöl erhitzen und die Kaninchenkeulen auf beiden Seiten anbraten. Die Keulen aus der Pfanne nehmen und das Gemüse darin rösten, bis es braun wird. Tomatenmark zugeben und unter Rühren weiter rösten. Wenn das Gemüse eine schöne dunkle Farbe hat, mit Weißwein ablöschen. Kaninchenkeulen wieder in den Bräter geben und mit der Brühe aufgießen. Die zerdrückten Wacholderbeeren, Pfefferkörner, Nelken und Lorbeerblätter zugeben und ca. 1 Stunde bei 160°C im Backofen schmoren. Kaninchenkeulen herausnehmen, Sauce passieren und auf die Hälfte einkochen. In der Zwischenzeit die Knochen vorsichtig aus den Keulen lösen. Die Sojamilch zufügen und erneut um die Hälfte reduzieren. Die Sauce bei Bedarf mit etwas Maisstärke binden und mit Salz nachschmecken. Vor dem Servieren die ausgelösten Kaninchenkeulen in der Sauce heiß machen.

4	Kaninchenkeulen
1	kleine Zwiebel
1	Karotte
2	Stangen Stangensellerie
1 EL	Tomatenmark
200 ml	Weißwein
500 ml	Brühe
200 ml	Sojamilch
10	Wacholderbeeren
2	Lorbeerblätter
3	Nelken
10	Pfefferkörner
	Salz

ENTENBRUST IN HONIG-SESAM-MARINADE

4	weibliche Barbarie-Entenbrüste
3 EL	Honig
2 EL	Sesamöl
100 ml	Brühe
1 EL	Sojasauce
2 EL	gerösteter Sesam
½	Chilischote
50 g	frischer Ingwer
50 g	Pökelsalz
100 g	frischer Thymian

Den frischen Ingwer reiben, Thymian grob hacken und beides vermischen. Die Entenbrüste von allen Seiten damit bestreuen und mit dem Pökelsalz bedecken. Zugedeckt im Kühlschrank eine Woche beizen. Dabei gelegentlich wenden. Den Honig mit der Brühe in einen kleinen Topf geben, aufkochen und etwas reduzieren. ½ Chilischote entkernen, klein schneiden und zugeben. Sesamöl und Sojasauce ebenfalls zugeben und ca. um die Hälfte einkochen. Vom Herd nehmen und abkühlen lassen. Die Entenbrust aus der Beize nehmen und mit kaltem Wasser abwaschen. Trocken tupfen und ohne Fett auf der Hautseite in einer Pfanne bei mittlerer Hitze anbraten, bis sich eine schöne Kruste gebildet hat. Danach umdrehen und von der anderen Seite 1 Minute braten. Herausnehmen und auf ein Gitter legen. Von allen Seiten mit der Marinade bestreichen. Mit Sesam bestreuen und auf dem Gitter bei 100°C im Ofen ca. 25 Minuten rosa fertig garen.

GEBACKENES STUBENKÜKEN IM AMARANTMANTEL

4	Stubenküken à 300 g
100 g	Amarant gepufft
2	Eier
10 g	Buchweizenmehl
	Salz
	Pfeffer
	Pflanzenöl

Brüste und Keulen von den Stuben-
küken lösen und die Haut entfernen.
Die Eier in eine Schüssel geben
und aufschlagen. Brüste und Keulen
mit Salz und Pfeffer würzen,
im Buchweizenmehl wenden und
mit den Eiern und dem gepufften
Amarant panieren. Bei mittlerer
Hitze schwimmend im Pflanzenöl
ausbacken. Auf einem Küchentuch
abtropfen lassen und servieren.

FISCH & MEER

JAKOBSMUSCHELN MIT FENCHEL-ORANGENPÜREE

16	Jakobsmuscheln
4	Fenchelknollen
2	Orangen
20 ml	Pernod
500 ml	Sojamilch
	Thymian
	Olivenöl

Die obere Schale der Jakobs-
muscheln mit einem Messer öffnen.
Bart und Corail entfernen und Nuss
herausnehmen. Unter kaltem Wasser
gut abspülen. Den Fenchel vierteln,
Fenchelgrün und Strunk entfernen.
Klein schneiden und in Salzwasser
ca. 3 Minuten blanchieren.
Die Orangen schälen und filetieren.
Den dabei entstandenen Saft mit der
Sojamilch in einen breiten Topf geben
und den blanchierten Fenchel darin
weich kochen. Alles zusammen
im Mixer fein pürieren und mit
Salz und Pernod abschmecken.
Die Jakobsmuscheln in einer Pfanne
mit etwas Olivenöl und dem Thymian
von beiden Seiten ca. 3-4 Minuten
braten. Das Fenchelpüree mit den
Orangenfilets flach auf einem
Teller anrichten und die Jakobsmuscheln darauf setzen.

119

ZANDERFILET AUF VANILLE-ZWIEBELCONFIT

4	Zanderfilets à 140 g
6	kleine Zwiebeln
100 g	Zucker
500 ml	Weißwein
1	Vanilleschote
	Salz
	Pflanzenöl

Die Zwiebeln schälen, halbieren und in feine Streifen schneiden. Zucker in einem hohen Topf goldgelb karamellisieren. Die Zwiebelstreifen zugeben und kurz mitschwitzen. Mit Weißwein ablöschen. Die Vanilleschote der Länge nach halbieren und das Mark auskratzen. Schote und Mark zugeben und bei schwacher Hitze köcheln lassen, bis der ganze Weißwein verkocht ist. Die Zanderfilets von restlichen Schuppen und Gräten befreien. Die Haut mit einem Messer einritzen. Salzen und in einer heißen Pfanne mit etwas Pflanzenöl auf der Hautseite kross braten. Die Filets nicht umdrehen, sondern mit der Pfanne bei 100°C ca. 10 Minuten im Backofen fertig garen. Wenn der Wein verkocht ist und die Zwiebeln weich sind, mit Salz abschmecken und auf einem Teller flach anrichten. Das krosse Zanderfilet darauf setzen.

WALLERFILET IM WURZELSUD

4	Wallerfilets à 140 g
2	Karotten
1	Stange Lauch
1	kleiner Selleriekopf
1	kleine Zwiebel
5	Nelken
2	Lorbeerblätter
6	weiße Pfefferkörner
3	Wacholderbeeren
1	Bund Petersilie
500 ml	Weißwein
100 ml	Noilly Prat
700 ml	Gemüsefond
250 ml	Sojamilch
	Salz

Die Wallerfilets enthäuten, entgräten und säubern. Eine Karotte schälen und in feine Streifen schneiden. Die Lauchstange der Länge nach halbieren und waschen. Anschließend die Hälfte in feine Streifen schneiden. Den Sellerie schälen und ebenfalls die Hälfte in feine Streifen schneiden. Die Zwiebel schälen und mit der anderen Hälfte des Gemüses in haselnussgroße Stücke schneiden. Petersilie zupfen und Stängel zum Gemüse geben. Alles zusammen mit den Gewürzen in einen flachen Topf geben, mit 500 ml Gemüsefond und der Hälfte des Weißweines bedecken. Salzen und auf ca. 80°C erhitzen.

Den restlichen Weißwein mit dem Noilly Prat in einem Topf auf ein Drittel reduzieren. Mit dem restlichen Gemüsefond aufgießen und nochmals um ein Drittel reduzieren. Sojamilch zugeben und leicht einkochen. Wenn nötig mit etwas Kartoffelstärke binden.

Die Gemüsestreifen in kochendem Salzwasser kurz blanchieren, abschütten und abschrecken.

Die Wallerfilets im Wurzelsud 8-10 Minuten pochieren. Die Petersilie hacken und in die Sauce geben. Gemüsestreifen mit etwas Fond erwärmen und mit Salz abschmecken. Den pochierten Fisch auf einem Tuch abtropfen und auf einem Teller anrichten. Gemüsestreifen darüberlegen und mit der Sauce übergießen.

SOUFFLIERTER BACHSAIBLING

Die Saiblingsfilets säubern und entgräten. Das Zanderfilet enthäuten und entgräten. Anschließend in kleine Würfel schneiden und für eine halbe Stunde in das Gefrierfach legen. Die Stange Lauch längs halbieren und waschen. Danach eine Hälfte in feine Würfel schneiden und in kochendem Salzwasser kurz blanchieren und abschrecken. In ein Sieb abschütten und auf einem Tuch trocken tupfen. Das eiskalte Zanderfilet in einem Mixer gut mixen und dabei die Sojamilch nach und nach zugeben, bis eine cremige Masse entsteht. In eine Schüssel geben und mit einem Kochlöffel das Ei einarbeiten. Mit Salz abschmecken, die trockenen Lauchwürfel zugeben und kalt stellen.

Für die Safransauce die Zwiebel schälen und in haselnussgroße Stücke schneiden. Das restliche Gemüse ebenfalls säubern und in gleich große Stücke schneiden. Etwas Olivenöl in einen Topf geben und das Gemüse bei schwacher Hitze anschwitzen. Die zerdrückten Knoblauchzehen zugeben, salzen und gelegentlich umrühren, so dass das Gemüse Wasser zieht. Safranfäden zugeben und kurz mitschwitzen. Mit Pernod und Weißwein ablöschen und um die Hälfte einkochen. Danach mit dem Gemüsefond aufgießen und wieder um die Hälfte reduzieren. Anschließend den Thymianzweig und die Sojamilch zugeben und mindestens um die Hälfte einkochen, bis eine sämige Konsistenz entstanden ist. Durch ein feines Sieb passieren und mit Salz abschmecken.

Die Fischfarce gleichmäßig auf der Bauchseite des Saiblingsfilets verteilen und glatt streichen. Die Filets über Dampf ca. 8-10 Minuten garen.

4	Saiblingsfilets à 120 g
200 g	frisches Zanderfilet
100 ml	Sojamilch
1	Ei
½	Stange Lauch
	Salz
	Für die Safransauce
1	Karotte
1	Stange Staudensellerie
1	kleine Zwiebel
1	Fenchel
½	Stange Lauch
1 g	Safranfäden
1	Thymianzweig
2	Knoblauchzehen
	Olivenöl
20 ml	Pernod
300 ml	Weißwein
250 ml	Gemüsefond
300 ml	Sojamilch

GEFÜLLTER WOLFSBARSCH

4	Wolfsbarschfilets à 100 g
200 g	frisches Zanderfilet
100 ml	Sojamilch
1	Ei
1	Karotte
1	Stange Staudensellerie
½	Stange Lauch

Die Wolfsbarschfilets säubern und entgräten. Das Zanderfilet enthäuten und entgräten. Anschließend in kleine Würfel schneiden und für eine halbe Stunde in das Gefrierfach legen. Den Lauch längs halbieren und waschen. Die Karotte schälen. Den Staudensellerie waschen. Danach das ganze Gemüse in feine Würfel schneiden und in kochendem Salzwasser kurz blanchieren, abschütten und abschrecken. In ein Sieb abschütten und auf einem Tuch trocken tupfen. Das eiskalte Zanderfilet in einem Mixer gut mixen und dabei die Sojamilch nach und nach zugeben, bis eine cremige Masse entsteht. In eine Schüssel geben und mit einem Kochlöffel das Ei einarbeiten. Mit Salz abschmecken, die trockenen Gemüsewürfel zugeben und kalt stellen. In die Wolfsbarschfilets mit zwei Schnitten eine Tasche einschneiden und auseinanderklappen.

Mit der Zander-Gemüsefarce füllen und wieder zusammenklappen. Fest in Frischhaltefolie einschlagen und über Dampf ca. 8-10 Minuten garen.

STEINBEISSER IM NORIBLATT MIT ROTE BEETE-GNOCCHI

Rote Beete in einem Topf mit reichlich Wasser ca. 30-40 Minuten weich kochen. Die Kartoffeln ebenfalls in reichlich Wasser mit etwas Salz und Kümmel ca. 20 Minuten weich kochen. Rote Beete abschütten und schälen, klein schneiden und im Mixer pürieren. Die Kartoffeln ebenfalls abschütten und schälen.

Kurz ausdampfen lassen und durch eine feine Kartoffelpresse drücken. Die Kartoffeln mit dem Püree, der Stärke und dem Ei gut verkneten und mit Salz und Muskat würzen. Etwas Kartoffelstärke auf die Arbeitsfläche streuen und gleichmäßige Bahnen mit etwa 1 cm Durchmesser rollen und ca. 2 cm lange Gnocchi abschneiden. Steinbeißerfilet enthäuten, entgräten und säubern. Die Noriblätter leicht befeuchten und das Fischfilet darin einwickeln. Über Dampf ca. 8 Minuten garen. Die Gnocchi in reichlich kochendem Salzwasser ca. 2-3 Minuten kochen. Abschütten und mit dem Fisch servieren.

4	Steinbeißerfilets à 140 g
4	Noriblätter für Sushi
200 g	mehlige Kartoffeln
100 g	Kartoffelstärke
100 g	Rote Beete
1	Ei
	Salz
	Muskat

KABELJAUFILET MIT MEDITERRANEM BOHNENEINTOPF

4	Kabeljaufilets à 140 g
	(möglichst nur die Rückenstränge)
50 g	grüne Bohnen
50 g	weiße Bohnen
50 g	Kidneybohnen
6	Tomaten
1	kleine Zwiebel
200 g	Kartoffeln
1	Knoblauchzehe
10	schwarze Oliven
1	Rosmarinzweig
1	Thymianzweig
200 ml	Weißwein
	Salz
	Pfeffer
	Olivenöl

Die Kabeljaufilets säubern und entgräten. Getrocknete Bohnen über Nacht einweichen und am nächsten Tag ca. 45 Minuten kochen. Rote und weiße Bohnen aus der Dose sind gleich verwendbar; vor dem Gebrauch kurz unter kaltem Wasser abspülen. Die Zwiebel schälen und in feine Würfel schneiden. Die grünen Bohnen halbieren und ca. 3 Minuten in Salzwasser blanchieren, abschütten und in Eiswasser abschrecken. Die Tomaten einritzen, Strunk entfernen und 10 Sekunden in kochendem Wasser blanchieren, danach in Eiswasser abschrecken. Häuten, vierteln und Kerne entfernen. In kleine Würfel schneiden. Die Kartoffeln schälen und in Würfel schneiden. Ebenfalls in kochendem Salzwasser bissfest kochen. Die Zwiebelwürfel in einem flachen Topf mit etwas Olivenöl anschwitzen, weiße und rote Bohnen zugeben und mitschwitzen. Kartoffelwürfel zugeben und mit Weißwein ablöschen. Rosmarin, Thymian und zerdrückte Knoblauchzehe mitköcheln lassen und gelegentlich umrühren. Zum Schluss klein geschnittene Oliven und Tomatenwürfel zugeben und mit Salz und Pfeffer abschmecken. In eine Auflaufform umfüllen, die gesalzenen Fischfilets darauflegen und im Ofen bei ca. 160°C 10-15 Minuten garen.

ROCHENFLÜGEL MIT PINIENKERNEN UND KAPERN

4	Rochenfilets à 140 g
200 ml	Olivenöl
50 g	Kapern
100 g	Pinienkerne
1	Rosmarinzweig

Rochenfilets enthäuten und säubern. Olivenöl mit dem Rosmarinzweig erhitzen, vom Herd nehmen und 5 Minuten ziehen lassen. Die Pinienkerne in einer Pfanne trocken, bei mittlerer Hitze rösten. Das Olivenöl passieren, Kapern und Pinienkerne zugeben. Die Rochenflügel salzen und in etwas Olivenöl anbraten. In eine Auflaufform geben und mit dem Pinienkern-Kapernöl übergießen. Im vorgeheizten Backofen bei 180°C ca. 6-8 Minuten fertig garen.

VEGETARISCH

RISOTTOBÄLLCHEN AUF RATATOUILLE

200 g	Risottoreis
2	kleine Zwiebeln
750 ml	Gemüsefond
50 ml	Weißwein
100 g	Buchweizenmehl
2	Eier
200 g	Polentagrieß
1	Zucchini
1	Aubergine
1	roter Paprika
3	Tomaten
200 ml	Tomatensaft
1	Knoblauchzehe
1	Rosmarinzweig
1	Thymianzweig
3	Basilikumblätter
	Olivenöl
	Salz
	Pfeffer

Die Zwiebel schälen und in feine Würfel schneiden. Zucchini, Paprika und Aubergine in gleich große Würfel schneiden. Tomaten einritzen und Strunk entfernen. 10 Sekunden in kochendem Wasser blanchieren und kalt abschrecken. Schälen, vierteln, Kernhaus entfernen und in Würfel schneiden.

Die Hälfte der Zwiebelwürfel in einem Topf mit etwas Olivenöl glasig dünsten. Risottoreis zugeben und kurz mitschwitzen. Mit Weißwein ablöschen und den Fond nach und nach zugeben. Ca. 20 Minuten köcheln lassen. Wenn der Reis noch leicht Biss hat, flach auf ein Blech streichen und kalt stellen.

Die andere Hälfte der Zwiebelwürfel ebenfalls in einem Topf mit dem Paprika in etwas Olivenöl anbraten. Danach die Zucchini zugeben und mitschwitzen. Nach ca. 3 Minuten die Auberginen zugeben. Wenn das gesamte Gemüse gut angebraten ist, mit dem Tomatensaft ablöschen und die zerdrückte Knoblauchzehe zugeben. Zum Schluss die Tomatenwürfel untermischen und kurz kochen lassen. Mit Salz, Pfeffer und den gehackten Kräutern abschmecken und beiseite stellen. Vor dem Servieren die Knoblauchzehe entfernen.

Die kalte Risottomasse zu 3 cm großen Bällchen formen. Die Kugeln in Buchweizenmehl wenden und mit dem Ei und dem Polentagrieß panieren. In der Friteuse bei 160°C ca. 5 Minuten backen.

Das Ratatouille flach auf einem Teller anrichten und die Risottobällchen darauf verteilen.

QUINOAPFLANZERL AUF MARINIERTEN STRAUCHTOMATEN

200 g	Quinoa
1	Karotte
1	Zucchini
1	Ei
1 EL	Kartoffelstärke
4	Strauchtomaten
2 EL	Balsamico
2 EL	Olivenöl
1	kleine Zwiebel
	Schnittlauch
	Salz
	Pfeffer

Quinoa in reichlich Salzwasser ca. 15 Minuten kochen, abschütten und gut abtropfen lassen. Karotte und Zucchini in feine Würfel schneiden und ca. 1 Minute in kochendem Salzwasser blanchieren. Ebenfalls abschütten, gut abtropfen lassen und mit dem Quinoa vermischen. Ei und Kartoffelstärke unterrühren und mit Salz und Pfeffer abschmecken. Die Zwiebel schälen und in kleine Würfel schneiden. Den Balsamico mit etwas Wasser und dem Olivenöl verrühren, Zwiebelwürfel und fein geschnittenen Schnittlauch zugeben. Die Tomaten waschen, Strunk entfernen und in dünne Scheiben schneiden.

Die Quinoamasse zu kleinen Laibchen formen und in einer Pfanne mit etwas Pflanzenöl goldbraun von beiden Seiten braten. Die Tomatenscheiben flach auf einem Teller auslegen und mit der Marinade beträufeln. Die Quinoapflanzerl darauf anrichten und servieren.

141

HIRSE-COUSCOUS IM WIRSINGBLATT

Die Zwiebel schälen und in feine Würfel schneiden. In einem Topf mit etwas Öl anschwitzen und die Hirse zugeben. Kurz mitschwitzen und nach und nach mit dem Fond aufgießen. Die Karotte und die Zucchini ebenfalls in Würfel schneiden und in kochendem Salzwasser kurz blanchieren. Die äußeren Wirsingblätter und den Strunk entfernen. Die restlichen Blätter einzeln vom Kopf abziehen und ca. 3 Minuten in kochendem Salzwasser blanchieren.

Kalt abschrecken und trocken tupfen. Wenn die Hirse weich ist, die Gemüsewürfel zugeben und mit Salz, Pfeffer, Muskat und gehacktem Kerbel abschmecken. Immer 3 Wirsingblätter übereinander legen. Die Hirse auf den Blättern verteilen und in einem Tuch zu einem festen Bällchen drehen. In eine Auflaufform geben und mit dem restlichen Gemüsefond angießen. Im Backofen bei 160°C ca. 20 Minuten fertiggaren.

200 g	Hirse
1	großer Wirsing
1	kleine Zwiebel
1	Karotte
1	Zucchini
1 l	Gemüsefond
	Salz
	Pfeffer
	Muskat
	frischer Kerbel

LINSENPILAF MIT FRÜHLINGSZWIEBELN UND ERDNÜSSEN

300 g	Basmatireis
50 g	braune Linsen
50 g	Erdnüsse
1	Bund Frühlingszwiebeln
	Pflanzenöl
	Salz
	frischer Dill

Die Linsen über Nacht in kaltem Wasser einweichen. Den Basmatireis mit 600 ml Wasser in einen Topf geben und aufkochen lassen. Den Reis bei schwacher Hitze und bedeckt ca. 20 Minuten quellen lassen. Die Linsen separat in gesalzenem Einweichwasser weich kochen und abgießen. Den Frühlingslauch waschen und in Ringe schneiden. In einer Pfanne etwas Öl erhitzen. Den Frühlingslauch anbraten und salzen.

Den Reis, die Linsen und den Lauch gut mischen und mit frischem Dill und Erdnüssen bestreuen.

GEFÜLLTE POLENTAWÜRFEL MIT GEMÜSEBOLOGNESE

Karotte, Zwiebel und Knoblauch schälen. Zucchini und Sellerie putzen und waschen. Alles zusammen durch den Fleischwolf drehen und in einem Topf mit etwas Olivenöl anbraten. Tomatenmark hinzugeben und gut verrühren. Mit Tomatensaft auffüllen und ca. 20 Minuten köcheln lassen. Das Wasser in einen Topf geben und reichlich salzen. Aufkochen lassen und den Polentagrieß einrühren. Bei schwacher Hitze ca. 3 Minuten unter ständigem Rühren kochen lassen. Die feste Polenta in eine hohe, eckige Form (z. B. Kastenform für Sandkuchen) füllen. Kalt werden lassen und in 4 gleich große Würfel schneiden. Vorsichtig mit einem kleinen Messer das Innere ausschneiden. Ca. 5 mm Rand stehen lassen. Die Kräuter hacken und der Bolognese zufügen. Mit Salz und Pfeffer abschmecken. Die Polentawürfel im Ofen oder der Mikrowelle erhitzen und mit Gemüsebolognese füllen.

500 g   Polentagrieß
        (schnellkochend)
2 l   Wasser
1   Karotte
1   Zucchini
3   Stangen
        englischer Sellerie
1   Zwiebel
3   Knoblauchzehen
2 EL   Tomatenmark
500 ml Tomatensaft
1   Rosmarinzweig
1   Thymianzweig
5   Basilikumblätter
        Olivenöl
        Salz

TOFU-SPINATLASAGNE MIT TOMATENSAUCE

500 g	Tofu (Block)
500 g	frischer Blattspinat
1	kleine Zwiebel
50 ml	Olivenöl
50 g	Pinienkerne (geröstet)
1	kleine Knoblauchzehe
100 ml	Kokosnusscreme (ungesüßt)
	Salz
	Pfeffer
	Muskat

Für die Sauce

6	reife Strauchtomaten
1	kleine Zwiebel
1	kleine Knoblauchzehe
50 ml	Olivenöl
100 ml	Weißwein
100 ml	Gemüsefond
1	Thymianzweig
1	Oreganozweig
1	Rosmarinzweig
5	Basilikumblätter
	Salz
	Pfeffer

Die Tomaten waschen, den Strunk entfernen, klein würfeln. Zwiebel und Knoblauch ebenfalls in kleine Würfel schneiden und in einem hohen Topf mit dem Olivenöl anschwitzen. Tomaten hinzugeben und leicht salzen. Kurz mitschwitzen und mit Weißwein ablöschen. Etwas einkochen lassen und den Gemüsefond zugeben. Thymian, Rosmarin und Oregano zugeben und ca. 15 Minuten köcheln lassen. Kräuterzweige aus der Sauce holen und mit einem Mixer gut mixen. Durch ein Sieb passieren und mit Salz und Pfeffer abschmecken. Kurz vor dem Anrichten die Basilikumblätter klein schneiden und in die Sauce geben. Den Tofu der Länge nach in 12 dünne Scheiben schneiden. Den Blattspinat gründlich waschen und gut abtropfen lassen. Die Zwiebel und den Knoblauch in feine Würfel schneiden und mit dem Olivenöl in einem großen Topf anschwitzen. Die Spinatblätter hinzugeben und unter ständigem Rühren garen. Kurz vor Schluss die Kokoscreme hinzufügen und mit Salz, Pfeffer und Muskat abschmecken.

Den Tofu in einer Pfanne mit Olivenöl von beiden Seiten kurz anbraten und mit dem Spinat zu vier Lasagnen schichten. Mit der Tomatensauce servieren.

DESSERTS

KOKOSMILCH-PANNA COTTA

500 ml	Kokosmilch
60 g	Zucker
1	Vanilleschote
1	Eiweiß
5	Blatt Gelatine

Vanilleschote der Länge nach halbieren und das Mark auskratzen. In einen Topf geben und mit der Hälfte des Zuckers mit der Kokosmilch aufkochen. Vom Herd nehmen und abkühlen lassen. Gelatine in kaltem Wasser 5 Minuten einweichen, gut ausdrücken und in die noch warme Kokosmilch rühren. Vanilleschote entfernen und kalt stellen. Das Eiweiß mit dem Zucker steif schlagen. Vorsichtig unter die kalte, aber erst leicht gelierte Kokosmilch heben. In kleine Schüsseln oder Förmchen umfüllen und kalt stellen.

LAVENDEL-CRÈME BRÛLÉE

LAVENDEL-
CRÈME BRÛLÉE

500 ml	Sojamilch
5	Eigelb
60 g	Zucker
50 g	brauner Zucker
2	frische Lavendelzweige

Die Milch in einen Topf geben und mit dem Lavendel aufkochen. Beiseite stellen und abkühlen lassen. Die Milch passieren und mit dem Zucker und dem Eigelb gut mixen. Flach in Schälchen oder Suppenteller einfüllen. Im Wasserbad bei 150°C ca. 45 Minuten garen. Creme kalt stellen. Nach dem Abkühlen mit dem braunen Zucker bestreuen und mit einem Gasbrenner abflämmen, so dass der Zucker auf der Creme karamellisiert.

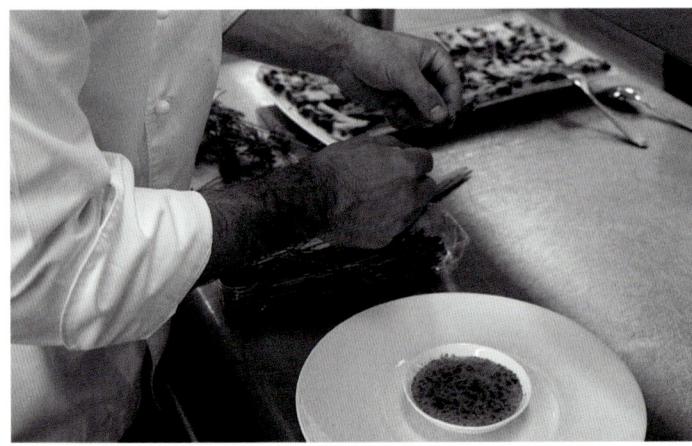

ERDBEER-WEISSWEIN-SÜPPCHEN MIT RHABARBER

Vanilleschote der Länge nach halbieren und das Mark auskratzen. Das Mark mit der Schote in einen Topf geben und mit dem Weißwein und dem Zucker aufkochen lassen. 4 Erdbeeren für die Garnitur zurücklegen. Bei den restlichen Erdbeeren Strunk entfernen, grob zerkleinern und in den Topf geben. Kurz kochen lassen und beiseite stellen. 10 Minuten ziehen lassen und fein mixen. Die Gelatine in kaltem Wasser 5 Minuten einweichen. Gelatine gut ausdrücken und in den noch warmen Erdbeerfond rühren. Vanilleschote entfernen und Erdbeersüppchen kalt stellen.

Die Rhabarberstangen schälen, der Länge nach halbieren und in kleine Stücke schneiden. Wasser, Zucker und Weißwein zusammen in einen Topf geben und aufkochen lassen. Rhabarber in eine Auflaufform geben und mit dem Weißweinfond übergießen. Mit Alufolie bedecken und im Backofen bei 180°C ca. 30 Minuten garen. Der Rhabarber soll weich sein, aber nicht zerfallen. Ebenfalls kalt stellen. Das kalte und gelierte Erdbeersüppchen aus

dem Kühlschrank holen und mit dem Prosecco aufrühren. Die zurückgelegten Erdbeeren vierteln. Das Süppchen in einem tiefen Teller anrichten und den Rhabarber darauf verteilen. Mit den Erdbeervierteln garnieren.

500 g	Erdbeeren
500 ml	Weißwein
100 g	Zucker
1	Vanilleschote
5	Blatt Gelatine
200 ml	Prosecco
	Für das
	Rhabarberkompott
2	Stangen Rhabarber
200 ml	Wasser
200 ml	Weißwein
200 g	Zucker

BUCHWEIZEN-KAISERSCHMARREN

Mehl und Milch glatt rühren. Eier trennen und Eigelb unterrühren. Eiweiß mit dem Zucker steif schlagen und vorsichtig unterheben. Etwas Pflanzenöl in einer großen Pfanne erhitzen und Teig einfüllen. Kurz anbacken. Je nach Geschmack kann der Teig jetzt noch mit Rosinen und Mandeln bestreut werden. Vorsichtig wenden und im Backofen bei 180°C ca. 20 Minuten fertig backen.
In der Zwischenzeit in einer zweiten Pfanne den restlichen Zucker bei mittlerer Hitze karamellisieren und mit Amaretto ablöschen. Den Kaiserschmarren aus dem Ofen holen und mit zwei Gabeln in Stücke reißen. In die Karamellpfanne geben und kurz schwenken.

Auf Tellern anrichten und mit Puderzucker bestreuen.

100 g	Buchweizenmehl
200 ml	Sojamilch
2	Eier
40 g	Zucker
20 g	Zucker zum Karamellisieren
50 ml	Amaretto
	Pflanzenöl
	Puderzucker

GEBACKENE APFELRINGE

Buchweizenmehl und Weißwein mit einem Schneebesen glatt rühren. Eier trennen. Eigelb unter den Teig rühren. Eiklar mit dem Zucker steif schlagen und vorsichtig unter den Teig heben. Die Äpfel schälen und das Kerngehäuse ausstechen. In ca. 1 cm dicke Scheiben schneiden und mit dem Saft der Zitrone marinieren.

Vanilleschote der Länge nach aufschneiden und das Mark herauskratzen. Das Mark mit der Schote in der Sojamilch in einem Topf kurz aufkochen und beiseite stellen. Das Ei, die Eigelbe und den Zucker in einer Schüssel miteinander verrühren. Die etwas ausgekühlte Vanillemilch durch ein feines Sieb in die Eiermasse passieren. Etwas Wasser in einem Topf zum Kochen bringen. Die Schüssel mit der Vanille-Eiermilch daraufstellen und über dem Wasserbad mit einem Schneebesen unter ständigem Rühren stocken lassen. Die Sauce ist fertig, wenn sie eine schaumig-cremige Konsistenz und mindestens 70°C erreicht hat. Vanilleschote entfernen und nochmals durch ein feines Sieb passieren, um restliche Eirückstände zu entfernen. Beiseite stellen und abkühlen lassen.

Das Pflanzenöl in einer hohen Pfanne erhitzen. Die Apfelringe mit etwas Buchweizenmehl bestäuben und durch den Weinteig ziehen. Etwas abtropfen lassen und im heißen Öl schwimmend von beiden Seiten goldgelb backen. Auf einem Küchentuch abtropfen lassen und mit der Vanillesauce servieren.

2 Äpfel
100 g Buchweizenmehl
200 ml Weißwein
2 Eier
60 g Zucker
1 Zitrone
500 ml Pflanzenöl

Für die Vanillesauce
500 ml Sojamilch
1 Ei
6 Eigelb
100 g Zucker
1 Vanilleschote

TOPFENKNÖDEL MIT ZWETSCHGENRÖSTER

Eier trennen. Eiklar mit Zucker steif schlagen. Kartoffelstärke nach und nach vorsichtig unterheben, anschließend Eigelb unterziehen. Biskuitteig flach auf ein Backblech mit Backpapier streichen und im Ofen bei 200°C ca. 10 Minuten backen. Den hellbraunen Teig herausnehmen und abkühlen lassen.

Die Margarine mit dem Ei und dem Eigelb schaumig schlagen. Den Sojaquark und die Kartoffelstärke unterrühren. Mit dem Abrieb der Zitronenschale und dem Puderzucker abschmecken und 30 Minuten ziehen lassen.

Die Zwetschgen halbieren und entsteinen. Den Zucker in einen Topf geben und langsam karamellisieren lassen. Mit dem Rotwein ablöschen. Die Vanilleschote der Länge nach halbieren und das Mark auskratzen. Das Mark mit der Schote, den Nelken und der Zimtstange zugeben und kurz aufkochen. Vom Herd nehmen und 30 Minuten ziehen lassen. Durch ein feines Sieb passieren und erneut aufkochen lassen. Die Zwetschgen zugeben

und ca. 5 Minuten köcheln lassen. Bei Bedarf mit etwas angerührter Kartoffelstärke binden und zum Schluss mit dem Zwetschgenwasser abschmecken. Den abgekühlten Biskuit fein zu Bröseln reiben.

Halb Wasser und Sojamilch in einem Topf erhitzen. Die Quarkmasse zu 8 gleich großen Knödeln formen und in der Sojamilch bei ca. 80°C 15 Minuten ziehen lassen. Die fertigen Knödel in den Bröseln wälzen und mit dem Zwetschgenröster anrichten.

100 g	Margarine
1	Ei
1	Eigelb
500 g	ausgedrückter Sojaquark
50 g	Kartoffelstärke
1	Zitronenabrieb
60 g	Puderzucker
1 l	Sojamilch
	Für den Biskuit
3	Eier
100 g	Zucker
100 g	Kartoffelstärke
	Für den Zwetschgenröster
10	Zwetschgen
50 g	Zucker
1	Vanilleschote
250 ml	Rotwein
½	Zimtstange
2	Nelken
20 ml	Zwetschgenwasser
	Kartoffelstärke

SALZBURGER NOCKERL

8	Eiklar
3	Eigelb
80 g	Zucker
2 EL	Maisstärke
1	Vanilleschote
200 ml	Sojamilch
2 EL	Preiselbeeren

Vanilleschote halbieren und das Mark auskratzen. Die Hälfte des Marks mit den 3 Eigelb verrühren. Die andere Hälfte mit der ausgekratzten Schote in die Sojamilch geben, aufkochen und zum Abkühlen beiseite stellen. Das Eiklar mit dem Zucker steif schlagen. Die Maisstärke vorsichtig unter das steife Eiklar heben. Anschließend das Eigelb mit dem Vanillemark leicht unterheben. Die Soja-Vanillemilch in eine feuerfeste Form passieren. Die Eiermasse in 3 gleich großen Nocken in die Auflaufform geben. Im vorgeheizten Backofen bei 200°C ca. 18 Minuten garen.

DER KRÄUTERGARTEN

„IN SUPPEN, SAUCEN, CHUTNEYS ODER MARINADEN – DER KREATIVEN VERWENDUNGS- VIELFALT SIND KAUM GRENZEN GESETZT."

Gemäß unserer wunderbaren Natur rundum sowie unserer naturbewussten Hotel- und Küchenphilosophie haben wir vor unserer Küche einen groß- zügigen Kräutergarten geschaffen. In 1 000 m Seehöhe – direkt auf unserer Kranzbach-Wiese – wachsen über 50 verschiedene Kräuter und Heilpflanzen, die jeden Tag in unserer Küche zum Einsatz kommen. Durch die Auf- zucht eigener Kräuter gelingt es uns, die gewohnte Kranzbach- Qualität mit besonderer Frische und außergewöhnlichen Aromen täglich auf die Teller unserer Gäste zu bringen.

Darin spiegeln sich unsere Leitsätze „regional" und „saisonal" optimal wieder. Dabei liegt uns die Kultivierung einheimischer Pflanzen besonders am Herzen. Mit ihren aromatischen Inhalts- stoffen verfeinern sie nicht nur jedes Gericht, sondern regen auch den Appetit an und beugen Stoffwechselerkrankungen vor. Darüber hinaus steigern Kräuter das seelische und körperliche Wohlbefinden.

Alle in diesem Kochbuch verwendeten Kräuter und Blüten stammen direkt aus unserem Kranzbach-Kräutergarten.

DER KRÄUTERGARTEN

A SAUERAMPFER Rumex acetosa. B THYMIAN Thymus vulgaris. C ZITRONENVERBENE Aloysia citrodora.
D ZITRONENTHYMIAN Thymus citriodorus. E LAVENDEL Lavandula angustifolia.
F GOLDMOHN Kalifornischer Mohn. Eschscholzia californica. G KAMILLE Matricaria recutita.
H CURRYKRAUT Helichrysum italicum.

DER KRÄUTERGARTEN

I SALBEI Salvia officinalis. J ROTES BASILIKUM Ocimum basilicum „dark opal".
K PETERSILIE Petroselinum crispum. L LIEBSTÖCKEL Levisticum officinalis.
M ROSMARIN Rosmarinus officinalis. N KORIANDER Coriandrum sativum. O OREGANO Origanum vulgare.
P GRÜNER OREGANO Origanum heracleoticum. Q MAJORAN Origanum majorana.

BLATTPETERSILIE Petroselinum crispum.

DER KRÄUTERGARTEN

S SALBEI TRIKOLORE Salvia officinalis tricolore. T PREISELBEEREN Vaccinium vitis-idaea.
U ERDBEERMINZE Mentha fragaria. V JOHANNISKRAUT Hypericum perforatum.
W MAROKKANISCHE MINZE Mentha „marokko". X ESTRAGON Artemisia dracunculus.
Y GELBE ZUCCHINI Cucurbita pepo.

DAS KRANZBACH HOTEL & WELLNESS REFUGIUM

Hotel Kranzbach GmbH, Kranzbach 1
D-82494 Krün bei Garmisch-Partenkirchen

Telefon: +49 (0)8823 - 92 800-0
Fax: +49 (0)8823 - 92 800-900
info@daskranzbach.de

www.daskranzbach.de

Geschäftsführer: Dr. Jakob Edinger

Konzeptidee: Sabine Beyer
Rezepte: Thomas Reichl, Redaktion und Fotos: Martin Nicholas Kunz
Art Director: Lizzy Courage Berlin, Design Assistant: Peter Krämer
Copy Editor: Dr. Simone Bischoff, Photo Editor: David Burghardt
Imaging and pre-press: Andreas Doria, Hamburg

Besonderer Dank an Petra Barta, Gastgeberin Das Kranzbach Hotel & Wellness Refugium

teNeues Verlag GmbH + Co. KG
Am Selder 37, 47906 Kempen // Germany
Phone: +49 (0)2152 916-0, Fax: +49 (0)2152 916-111
e-mail: books@teneues.de

Press department: Andrea Rehn
Phone: +49 (0)2152 916-202, e-mail: arehn@teneues.de

teNeues Digital Media GmbH
Kohlfurter Straße 41–43, 10999 Berlin // Germany
Phone: +49 (0)30 700 77 65-0

teNeues Publishing Company
7 West 18th Street, New York, NY 10011 // USA
Phone: +1 212 627 9090, Fax: +1 212 627 9511

teNeues Publishing UK Ltd.
21 Marlowe Court, Lymer Avenue, London SE19 1LP // UK
Phone: +44 (0)20 8670 7522, Fax: +44 (0)20 8670 7523

teNeues France S.A.R.L.
39, rue des Billets, 18250 Henrichemont // France
Phone: +33 (0)2 4826 9348, Fax: +33 (0)1 7072 3482

www.teneues.com

Wir sind um größte Genauigkeit in allen Details bemüht, können jedoch eine Haftung
für die Korrektheit nicht übernehmen. Die Geltendmachung von Mängelfolgeschäden ist ausgeschlossen.

Bibliografische Information der Deutschen Nationalbibliothek. Die Deutsche Nationalbibliothek verzeichnet diese Publikation
in der Deutschen Nationalbibliografie; detaillierte bibliografische Daten sind im Internet über http://dnb.d-nb.de abrufbar.

Printed in Italy
ISBN: 978-3-8327-9512-2